D1692856

nutella®
FERRERO

Corinne Jausserand
Fotografie: Caroline Faccioli

HEEL

Inhalt

nutella
FERRERO
LAIT ÉCRÉMÉ
PATE A TARTINER AUX NOISETTES

NUTELLA® - eine Leidenschaft

Schon im Kindesalter gehörte NUTELLA® zu unserem Leben.
Es war Teil unseres Frühstücks, wir haben es zwischendurch genascht und auch als Erwachsene lieben wir diese Köstlichkeit. Sein Nuss-Nougat-Geschmack ist unvergleichlich, seine Konsistenz unnachahmlich ... Kurz gesagt, ein Löffel NUTELLA® - das ist Kindheitserinnerung und Geschmacksoffenbarung zugleich.

Seit fast 50 Jahren glaubten wir alles zu wissen über diese mythische Nuss-Nougat-Creme, und doch - NUTELLA® hat noch viel mehr zu bieten! Genießen Sie neue Geschmackserlebnisse mit köstlichen und kreativen Rezepten. Ein NUTELLA®-Tiramisu zum Niederknien, NUTELLA®-Madeleines, so wunderbar luftig, oder unwiderstehliche Cake-Pops ...

Lassen Sie sich verführen von herrlichen Leckereien für Groß und Klein!

Erdbeeren mit Zitronenverbene und NUTELLA®-Sahne

Zubereitung:
15 min
Kühlung:
10 min

500 g Erdbeeren
150 g Zucker
Saft einer Limette
4 Blätter Zitronenverbene

Für die NUTELLA®-Sahne:
250 ml Sahne
2 EL NUTELLA®

Die Erdbeeren kurz unter kaltem Wasser abspülen. Das Grün entfernen und die Früchte je nach Größe halbieren oder vierteln.

400 ml Wasser mit dem Limettensaft und der Verbene zum Kochen bringen und etwa 10 Minuten köcheln lassen. Abkühlen lassen und den Sirup filtern. Die Erdbeeren in eine Schüssel geben und den lauwarmen Sirup darübergießen. Bis zum Servieren im Kühlschrank aufbewahren.

In der Zwischenzeit die NUTELLA®-Sahne zubereiten: Stellen Sie die flüssige Sahne, den Schneebesen und eine Rührschüssel etwa 15 Minuten in den Kühlschrank. Dann schlagen Sie die Sahne schön steif. Das NUTELLA® hinzugeben und weiterschlagen, bis das NUTELLA® gut untergerührt ist.

Geben Sie die Verbene-Erdbeeren in tiefe Teller und servieren Sie die NUTELLA®-Sahne separat in kleinen Portionen.

VARIANTE: Verwenden Sie Himbeeren und ersetzen Sie die Verbene durch Basilikumblätter!

TIPP: Es ist sehr wichtig, die flüssige Sahne, die Rührbesen und die Schüssel kalt zu stellen, bevor man die Sahne steif schlägt.

Schnee-Eier mit NUTELLA®-Creme

Zubereitung:
25 Min.
Kühlung:
ca. 10 Min.

4 Eier
1 Msp. Salz
1 Tütchen Vanillezucker
80 g Zucker
500 ml Vollmilch
90 g NUTELLA®

Die Eier aufschlagen und Eiweiß und Eigelb trennen. Zu dem Eiweiß eine Messerspitze Salz geben und zu Eischnee schlagen. Bevor er ganz fest wird, den Vanillezucker zugeben und weiterschlagen, bis der Eischnee schön steif ist.

Das Eigelb mit dem Zucker in einer Schüssel schlagen, bis die Mischung weißlich wird.

Die Milch in einem Topf erhitzen. Kurz bevor sie richtig kocht, die Hälfte der Milch zu der Eigelbmischung geben und rühren, bis eine homogene Masse entsteht. Dann alles zurück in den Topf geben. Umrühren und den Topf auf kleine Flamme stellen. Immer weiter rühren, bis die Creme dicklich wird und am Löffel haftet. Den Topf vom Herd nehmen und unter Rühren nach und nach das NUTELLA® zufügen. Abkühlen lassen.

Das Wasser in einem Topf zum Kochen bringen. Sobald es zu kochen beginnt, die Temperatur reduzieren. Formen Sie mit zwei Esslöffeln längliche Nocken aus dem Eischnee und geben Sie jeweils zwei in das siedende Wasser. Nach etwa 20 Sekunden umdrehen. Weitere 20 Sekunden sieden lassen, dann mit einer Schaumkelle herausnehmen, abtropfen lassen und beiseite stellen.

Sobald die Creme und die Nocken abgekühlt sind, verteilen Sie die Creme auf vier Dessertschälchen oder hübsche tiefe Teller und legen die Nocken darauf. Vor dem Servieren kühl aufbewahren.

Tiramisu mit NUTELLA®

Für 4-6 Portionen

Zubereitung: 25 Min.
Kühlung: Mind. 6 Std.

500 ml Kaffee
2 Eigelb
30 g Zucker
450 g Mascarpone
80 g NUTELLA®
16 Löffelbiskuits
3 EL Kakaopulver

Den Kaffee zubereiten und abkühlen lassen.

Die Eigelb mit dem Zucker in einer Schüssel schaumig schlagen, bis die Masse weißlich wird. Mascarpone und NUTELLA® dazugeben und verrühren, bis die Creme eine gleichmäßige Konsistenz erhält.

Die Löffelbiskuits einzeln in den Kaffee tauchen und auf den Boden einer hohen Gratinform legen. Mit einem kleinen Sieb ein wenig Kakaopulver über die Biskuits streuen. Die NUTELLA®-Creme über die Biskuits geben und wiederum mit Kakao bestreuen.

Mindestens 6 Stunden kalt stellen. Wenn Sie es am Vortag zubereiten, schmeckt es noch leckerer.

TIPP: Um das Dessert noch schmackhafter zu machen, geben Sie ein wenig NUTELLA® auf das fertige Tiramisu.

VARIANTE: Für diejenigen, die keinen Kaffee mögen, kann dieser durch Kakao ersetzt werden.

Clementinen-Konfitüre mit NUTELLA®-Creme

Für 4–6 Gläser

Zubereitung: 15 Min.

400 ml Sahne
5 EL NUTELLA®
10 Waffelröllchen
80 g Clementinen-Konfitüre

Die Sahne, den Schneebesen und eine Rührschüssel etwa 15 Minuten kalt stellen. Dann die Sahne aufschlagen, bis sie schön fest wird. 3 Esslöffel NUTELLA® hinzufügen und weiter schlagen, bis das NUTELLA® gut untergemengt ist.

Die Waffelröllchen über einer kleinen Schüssel zerbröseln und auf 4–6 Gläser verteilen. Einige Krümel als Dekoration zur Seite stellen.

Auf die zerkleinerten Röllchen eine Schicht NUTELLA®-Sahne geben, dann eine Schicht Clementinen-Konfitüre und zuletzt wieder eine Schicht Sahne. Zum Abschluss geben Sie einige Kekskrümel darauf sowie das restliche NUTELLA®.

TIPP: Je nach Größe der Gläser bleibt vielleicht ein wenig NUTELLA®-Sahne übrig. Diese kann in einem luftdicht verschlossenen Behälter 24 Stunden im Kühlschrank aufbewahrt werden.

Mini-Windbeutel mit NUTELLA®

Zubereitung:
40 Min.
Backzeit:
ca. 30 Min.

100 ml Vollmilch
1 TL Salz
1 TL Zucker
75 g Butter
100 g Mehl
3 Eier
1 Eigelb zum Bestreichen
Puderzucker

Für die Creme:
700 ml Vollmilch
60 g Maisstärke
8 Eigelb
150 g Zucker
200 g NUTELLA®

Den Backofen auf 190 °C vorheizen. Die Milch mit 80 ml Wasser in einen Topf geben. Salz, Zucker und die in Stücke geschnittene Butter hinzugeben und unter Rühren zum Kochen bringen. Das Mehl auf einmal hinzugeben und den Topf vom Herd nehmen. Die Masse kräftig verrühren, bis der Teig glatt wird. Den Topf wieder auf den Herd stellen und ca. 4 Minuten weiter rühren, bis der Teig trocken wird. Wenn er sich vom Topfrand löst und eine Kugel bildet, in eine Schüssel geben und abkühlen lassen. Die Eier einzeln hinzufügen und gut einarbeiten. Der Teig soll einen länglichen Kloß bilden.

Den Windbeutelteig in einen Spritzbeutel füllen. Ein Backblech mit Backpapier auslegen und kleine Teighäufchen versetzt auf das Blech spritzen. Jeden Windbeutel mit Eigelb bestreichen.

12 Minuten backen. Dann die Ofentür 10 Sekunden leicht öffnen, damit der Dampf entweichen kann. Den Backofen auf 170 °C herunterdrehen und die Windbeutel weitere 10–12 Minuten backen. Anschließend abkühlen lassen.

Für die Creme die Milch zusammen mit der Maisstärke in einen Topf geben und unter Rühren zum Kochen bringen. Die Eigelb mit dem Zucker in einer Schüssel schaumig schlagen. Ein wenig von der Milch hinzugeben, verrühren und das Ganze wieder in den Topf geben. Bei geringer Hitze rühren, bis die Creme dicklich wird. Bevor sie zu köcheln beginnt, vom Herd nehmen. NUTELLA® hinzugeben und verrühren, bis eine cremige Konsistenz erreicht ist. Abkühlen lassen und dann in den Kühlschrank stellen.

Die abgekühlte Creme in einen Spritzbeutel füllen und die Windbeutel von unten damit befüllen. Vor dem Servieren mit Puderzucker bestreuen.

Mille-feuilles mit Himbeeren und NUTELLA®

Zubereitung: 5 Min.
Backzeit: ca. 15 Min.
Kühlung: Mind. 1 Std.

4 Blätter Brickteig
50 g geschmolzene Butter
48 Himbeeren
Kakaopulver

Für die Konditorcreme:
250 ml Vollmilch
2 Eigelb
40 g Zucker
35 g Maisstärke
4 EL NUTELLA®

Den Backofen auf 180 °C vorheizen.

Schneiden Sie mit einer Schere aus jedem Blatt Brickteig 6 Rechtecke von 5 x 12 cm. Die Rechtecke in Butter tauchen und auf ein mit Backpapier ausgelegtes Backblech legen. Etwa 3 Minuten backen, bis der Brickteig eine schön goldene Färbung annimmt. Zur Seite stellen.

Nun die Konditorcreme zubereiten: Die Milch in einem Topf zum Kochen bringen. Die Eigelb mit dem Zucker in einer Schüssel schaumig schlagen, bis die Masse weißlich wird. Die Maisstärke hinzugeben und verrühren. Ein wenig von der warmen Milch hinzugeben und unterrühren. Das Ganze in den Topf mit der warmen Milch geben. Den Topf wieder auf den Herd stellen und bei milder Hitze rühren, bis die Creme dicklich wird. Kurz bevor die Mischung zu kochen beginnt, den Herd ausschalten. Nun das NUTELLA® hinzugeben und gut verrühren, um eine cremige Konsistenz zu erhalten. Bei Zimmertemperatur abkühlen lassen, dann die Creme mindestens 1 Stunde kalt stellen.

Kurz vor dem Servieren die Konditorcreme in einen Spritzbeutel füllen. Zwei der Brick-Rechtecke auf einem Teller aufeinanderlegen. Ein wenig Creme daraufgeben und mit 6 Himbeeren garnieren. Mit 2 weiteren Brick-Rechtecken bedecken. Eine weitere Schicht Creme daraufgeben und wieder mit 6 Himbeeren garnieren. Zum Schluss 2 Brick-Rechtecke auflegen und das Ganze mit Kakaopulver bestreuen. Den Vorgang für die anderen Mille-feuilles wiederholen. Sofort servieren.

TIPP: Bei diesem Rezept ist es ratsam, die Mille-feuilles erst in letzter Sekunde zuzubereiten, da die Creme sonst den Brickteig aufweicht!

NUTELLA®-Pralinen

Für ca. 30 Pralinen

Zubereitung: 25 Min.
Kühlung: 10 Min.

300 g dunkle Kuvertüre (vorzugsweise mit 70 % Kakaoanteil)
100 g NUTELLA®
geriebene Orangenschale
bunte Zuckerperlen

Hacken Sie die Schokolade mit einem großen Messer so fein wie möglich, damit sie schnell schmilzt. Zwei Drittel der Schokolade unter Rühren langsam im Wasserbad schmelzen lassen. Die Temperatur der Schokolade darf 50 °C nicht übersteigen. Dies kann mit einem Küchenthermometer kontrolliert werden. Wenn sich die Schokolade dieser Temperatur nähert, die Schüssel vom Wasserbad nehmen.

Sobald die Schokolade geschmolzen ist, das letzte Drittel hinzugeben und umrühren, bis die Schokolade glatt und glänzend ist. In ein kleines Gefäß mit Ausgießer umfüllen.

Kleine Pralinenförmchen bis zur Hälfte mit der Schokolade befüllen. Die Förmchen zwischen den Fingern hin- und herrollen, sodass sich die Schokolade gut darin verteilt. Die überschüssige Schokolade wieder in das Gefäß zurückgeben. Die restliche Schokolade bei niedriger Temperatur im Wasserbad flüssig halten.

Die Schokolade bei Zimmertemperatur in den Förmchen hart werden lassen. Wenn Sie es eilig haben, können Sie die Förmchen auch in den Kühlschrank stellen. Sobald die Schokolade hart ist, befüllen Sie die Förmchen bis etwa 2–3 mm vom Rand mit NUTELLA®. Mit einer Schicht Schokolade abdecken. Das Ganze mit Orangenschale oder Zuckerperlen garnieren. Die Schokolade hart werden lassen, die Pralinen aus den Förmchen nehmen und verzehren.

TIPP: Die Pralinen halten sich 3–4 Tage.

Cake-Pops mit NUTELLA®

Zubereitung:
25 Min.
Kühlung:
30 Min.

1 Eischwerkuchen von etwa 200 g
120 g NUTELLA®
80 g Dessert-Schokolade
(Zartbitter oder Vollmilch)
5 EL Sahne

Für die Dekoration:
Nüsse
Pistazien
Kokosnussraspel
bunte Zuckerperlen

Den Kuchen in eine Schüssel zerbröseln. NUTELLA® hinzufügen und gut vermengen, wenn nötig mit den Fingern, um das NUTELLA® gut unterzumischen. Den Teig in kleine Mengen von etwa 20 g teilen und zwischen den Händen zu kleinen Kugeln rollen. In jede Kugel einen Holzstab drücken und etwa 30 Minuten kalt stellen.

Inzwischen die Schokolade in kleine Stücke schneiden und in eine Schüssel geben. Die Sahne hinzugeben und etwa 1 Minute in die Mikrowelle stellen, damit die Schokolade schmilzt. Herausnehmen und verrühren, bis die Schokolade glatt und glänzend ist.

Jeden Cake-Pop in die geschmolzene Schokolade tauchen, dann je nach Geschmack in gehackten Haselnüssen, Pistazien, geraspelter Kokosnuss oder Zuckerperlen wälzen.

Die Cake-Pops einige Minuten kalt stellen, bis die Schokolade hart wird. Dann verzehren.

NUTELLA®-Plätzchen

Zubereitung:
15 Min.
Backzeit:
ca. 20 Min.

120 g Butter
100 g Zucker
1 TL natürliches Vanilleextrakt
150 g Mehl
125 g NUTELLA®
bunte Zuckerperlen
(nach Geschmack)

Den Backofen auf 180 °C vorheizen.

Butter, Zucker und Vanilleextrakt in die Rührschüssel der Küchenmaschine geben. Bei mittlerer Geschwindigkeit 1–2 Minuten verquirlen, dann nach und nach das Mehl hinzufügen. Den Teig rühren, bis er eine Kugel bildet. Wenn er zu klebrig wird, ein wenig Mehl hinzugeben.

Mit den Händen etwa 25 kleine Kügelchen bilden und auf ein mit Backpapier ausgelegtes Backblech legen. Zwischen den Kugeln genügend Platz lassen. Mit dem Stiel eines Holzlöffels in jedes Plätzchen eine Kuhle drücken. Etwa 10 Minuten backen.

Das Backblech aus dem Ofen holen. Wenn sich die Mulden wieder ausgeglichen haben, neu formen und weitere 8–10 Minuten backen, bis sich die Ränder goldbraun färben. Abkühlen lassen.

In die Aushöhlungen der Plätzchen mit einem kleinen Löffel ein wenig NUTELLA® füllen und die Plätzchen eventuell mit einigen Zuckerperlen dekorieren.

TIPP: Die Plätzchen halten sich in einer luftdichten Verpackung 2–3 Tage. Um Zeit zu gewinnen, können Sie sie am Vortag vorbereiten und erst kurz vor dem Servieren garnieren.

Zitronen-Tartelettes mit NUTELLA®

Zubereitung:
30 Min.
Ruhezeit: 1 Std.
Backzeit:
ca. 30 Min.

Für den Mürbeteig:
125 g Mehl
60 g zimmerwarme Butter
60 g Zucker
1 Ei

Für den Belag:
Saft von 3 Zitronen
150 g Zucker
1 EL Maisstärke
3 Eier
1 EL Crème fraîche
150 g NUTELLA®

Den Backofen auf 180 °C vorheizen.

Das Mehl und die in Stücke geschnittene Butter in einer Schüssel vermengen. Kneten Sie die Mischung mit den Fingern, bis Sie eine mürbe Konsistenz erhalten und die Butter gut mit dem Mehl vermischt ist.

Die Mitte des Teigs etwas aushöhlen und Zucker und Ei hineingeben. Mit den Fingern die Zutaten vermischen, dann den Teig auf einer bemehlten Arbeitsplatte kneten, bis er schön gleichmäßig ist. Den Teig zu einer Kugel formen und in Klarsichtfolie verpackt 1 Stunde im Kühlschrank aufbewahren.

Den Teig aus dem Kühlschrank herausholen, auf einer bemehlten Arbeitsplatte ausrollen und 12 Scheiben ausstechen. Die Tartelette-Förmchen einfetten und die Teigstücke hineinlegen. Den Teig mit einer Gabel mehrfach einstechen. Mit Backpapier auslegen und einige Hülsenfrüchte darauflegen, um zu verhindern, dass der Teig aufgeht. Etwa 10–15 Minuten backen, bis der Teig goldbraun ist.

Für den Belag den Zitronensaft in einen Topf geben. Zucker und Maisstärke hinzugeben, verrühren und bei milder Hitze etwa 1–2 Minuten erwärmen. Die Eier luftig aufschlagen, den Topf vom Herd nehmen und die Eier mit einem Schneebesen hineinrühren. Dann die Mischung bei milder Hitze erhitzen. Die Crème fraîche zugeben, verrühren und abkühlen lassen.

Ein wenig NUTELLA® auf die Tartelettes geben und mit der Zitronencreme bedecken.

Apfeltaschen mit NUTELLA®

Zubereitung:
25 Min.
Backzeit:
ca. 45 Min.

2 Packungen frischer Blätterteig
2 Äpfel
20 g Zucker
2 Tütchen Vanillezucker
70 g NUTELLA®
1 Eigelb

Den Backofen auf 200 °C vorheizen.

Den Blätterteig ausrollen und mit einem runden Ausstecher mit ca. 10 cm Durchmesser 14 Teigscheiben ausstechen.

Die Äpfel schälen und in kleine Würfel schneiden. Zucker und Vanillezucker mit 50 ml Wasser erhitzen. Die Apfelstückchen hineingeben und etwa 30 Minuten kochen lassen. Von Zeit zu Zeit umrühren. Die Äpfel müssen ganz weich werden, aber das Kompott sollte nicht zu flüssig sein, um den Teig nicht zu durchtränken. Wenn Sie zu viel Flüssigkeit haben, das Wasser bei höherer Temperatur verdampfen lassen. Dabei ständig umrühren.

Auf jedes Teigstück ein wenig Kompott und ½ Teelöffel NUTELLA® geben. Die Ränder nicht bestreichen, damit Sie sie noch umklappen können.

Schlagen Sie in einer kleinen Schüssel das Eigelb mit einem Esslöffel Wasser auf und bepinseln Sie die Ränder der Apfeltaschen damit.

Klappen Sie die Apfeltaschen zusammen und drücken Sie die Ränder mit den Fingern fest zusammen. Schnitzen Sie mit einem spitzen Messer ein Zierraster auf die Oberfläche der Apfeltaschen. Auf einem mit Backpapier ausgelegten Blech etwa 15 Minuten backen. Noch warm oder kalt verzehren.

IDEE: Um Zeit zu sparen können Sie auch fertiges Apfelkompott verwenden.

Vanille-Cupcakes mit NUTELLA®

Zubereitung:
20 Min.
Backzeit:
20 Min.

Für den Grundteig:
200 g Mehl
½ TL Salz
1 gestrichener TL Natron
200 g weiche Butter
200 g Zucker
2 TL Vanilleextrakt
4 Eier

Für die Ganache:
150 g Zartbitterschokolade
75 ml Sahne
150 g NUTELLA®

Den Backofen auf 180° C vorheizen. Mehl, Salz und Natron in einer Schale vermengen. Die weiche, in Stücke geschnittene Butter, Zucker und Vanilleextrakt in einer Schüssel mit einem Schneebesen schlagen, bis eine weißliche, cremige Mischung entsteht. Nach und nach die Eier hinzugeben, dabei immer weiter schlagen. Dann nach und nach das Mehl hinzufügen. Den Teig 2–3 Minuten weiter schlagen, um eine homogene Konsistenz zu erlangen. Papier- oder Muffinförmchen zu zwei Dritteln mit dem Teig befüllen und 20 Minuten backen.

Unterdessen die Ganache zubereiten: Dazu die Schokolade mit einem Messer so fein wie möglich klein schneiden, damit sie schneller schmilzt. Die Sahne in einem Topf zum Kochen bringen und sofort die Schokolade dazugeben. Mit einem Schneebesen verrühren, um eine glatte, glänzende Schokoladenmischung zu bekommen. NUTELLA® dazugeben und gut unterrühren. Die NUTELLA®-Ganache etwa 15–20 Minuten kalt stellen, damit sie fest wird.

Sobald sie Ihnen fest genug erscheint, geben Sie die Ganache in einen Spritzbeutel mit einer geriffelten Spritztülle und dekorieren die Cupcakes damit.

TIPP: Wenn die Ganache zu flüssig ist, haben Sie sie nicht lange genug kalt gestellt. Wenn Sie hingegen zu fest geworden ist, stellen Sie sie einige Sekunden im Wasserbad, bis sie die richtige Konsistenz hat.

Madeleines mit NUTELLA®-Füllung

Für ca. 30 Madeleines

Zubereitung: 15 Min.
Backzeit: ca. 8-10 Min.

3 Eier
100 g Zucker
30 g Rohrzucker
1 EL Orangenblüten-Honig
150 g Mehl
100 g geschmolzene Butter
6 g Backpulver
100 g NUTELLA®

Den Backofen auf 200 °C vorheizen.

Eier, Zucker, Rohrzucker und Honig mit einem Schneebesen schlagen, bis die Mischung weißlich wird. Mehl, Backpulver und die geschmolzene Butter hinzugeben und gut vermengen, um einen gleichmäßigen Teig zu erhalten.

Die Madeleine-Förmchen einfetten und zur Hälfte mit dem Teig füllen.

Mit zwei kleinen Löffeln jeweils ein wenig NUTELLA® in die Mitte setzen und mit Teig bedecken.

Ein wenig NUTELLA® als Dekoration auf die Madeleines geben und etwa 8–10 Minuten backen.

TIPP: Die Madeleines schmecken am besten, wenn man sie am selben Tag isst. Sie können sie aber auch 2 Tage in einer luftdichten Verpackung aufbewahren.

Kuchen mit Macadamia-nüssen und NUTELLA®

Für 4-6 Stücke

Zubereitung: 20 Min.
Backzeit: ca. 50 Min.

3 Eier
150 g Zucker
160 g Mehl
½ Tütchen Backpulver
170 g geschmolzene Butter
1 Vanilleschote
150 g NUTELLA®

Für die karamellisierten Macadamianüsse:
60 g Zucker
50 g Macadamianüsse

Zuerst die karamellisierten Nüsse vorbereiten: Dazu den Zucker in einem antihaftbeschichteten Topf bei milder Hitze karamellisieren lassen. Währenddessen die Nüsse mit einem Messer grob hacken. Sobald der Zucker goldbraun geworden ist, die Nüsse mit einem Holzlöffel darin verrühren, bis sie schön mit dem Karamell bedeckt sind. Den Herd abstellen. Die karamellisierten Nüsse auf ein mit Backpapier ausgelegtes Blech geben. Etwa 3 cm dick verstreichen und bei Zimmertemperatur hart werden lassen. Wenn das Nuss-Karamell gut erstarrt ist, mit einem Messer in kleine Stücke schneiden.

Den Backofen auf 180 °C vorheizen.

Die Eier mit dem Zucker in einer Schüssel schlagen, bis die Mischung weißlich wird. Mehl und Backpulver hinzugeben und gut verrühren. Die geschmolzene Butter hinzufügen und verrühren, bis der Teig eine homogene Konsistenz erreicht. Die Hälfte des Teigs in eine andere Schüssel geben.

Die Vanilleschote der Länge nach aufschneiden und mit einem Messer auskratzen. Zu einer Teighälfte geben und gut verrühren. Unter die andere Teighälfte das NUTELLA® sowie die Hälfte der karamellisierten Nüsse rühren.

Die beiden Teigarten abwechselnd in eine gefettete und leicht bemehlte Kuchenform geben. Die restlichen Nüsse oben draufgeben und etwa 50 Minuten backen.

Um zu testen, ob der Kuchen gar ist, mit einem Messer in der Mitte einstechen – wenn die Messerspitze trocken bleibt, ist der Kuchen gar, wenn noch Teig daran hängt, backen Sie ihn weitere 10 Minuten.

Birnen-Clafoutis mit NUTELLA®

Zubereitung:
15 Min.
Backzeit:
ca. 45 Min.

3 Birnen
75 g Mehl
3 Eier
100 g Zucker
1 Tütchen Vanillezucker
300 ml Milch
20 g Butter
100 g NUTELLA®

Den Backofen auf 200 °C vorheizen. Die Birnen schälen und vierteln, Stiel und Kerne entfernen, dann in Stücke schneiden.

Das Mehl in eine Schüssel sieben. Die Eier nach und nach dazugeben, dann den Zucker und den Vanillezucker. Mit einem Schneebesen oder einem Rührgerät gut vermengen. Nach und nach die Milch hinzugeben, dabei immer weiter schlagen, bis der Teig flüssig und homogen ist.

Eine Tarteform mit Butter einfetten. Die Birnen auf dem Boden verteilen und den Teig darübergießen. Nun möglichst gleichmäßig das NUTELLA® auf der Oberfläche des Clafoutis verteilen. Das Ganze etwa 45 Minuten backen und warm servieren.

Pistazien-Muffins mit NUTELLA®

Zubereitung:
15 Min.
Backzeit:
ca. 20-25 Min.

250 g Mehl
3 TL Backpulver
150 g Zucker
3 Msp. Salz
250 ml Vollmilch
1 Ei
75 g geschmolzene Butter
2 EL Pistazienmus
140 g NUTELLA®

Den Backofen auf 180 °C vorheizen.

Mehl, Backpulver, Zucker und Salz in eine Schüssel geben und gut vermengen. Milch, Eier und geschmolzene Butter in eine andere Schüssel geben, verrühren und dann das Pistazienmus hinzugeben. Mit einem Schneebesen gut verrühren.

Die beiden Mischungen vorsichtig vermengen, bis der Teig glatt und gleichmäßig ist.

Die Muffinförmchen einfetten. Wenn Sie Papierförmchen verwenden, brauchen Sie das nicht zu tun. Die Förmchen zu etwa einem Drittel mit Teig füllen, dann einen großen Klecks NUTELLA® in die Mitte setzen. Die Förmchen anschließend zu etwa zwei Dritteln mit Teig füllen. Wenn NUTELLA® übrig bleibt, können Sie damit die Oberfläche der Muffins dekorieren. Die Förmchen in den Backofen stellen und etwa 20–25 Minuten backen.

Kokosmakronen mit NUTELLA®

Zubereitung:
15 Min.
Backzeit:
10 Min.

2 Eiweiß
100 g Zucker
100 g Kokosnussraspel
120 g NUTELLA®

Den Backofen auf 180 °C vorheizen und ein Backblech mit Backpapier auslegen.

Das Eiweiß in einer Schüssel zu steifem Schnee schlagen. Zucker und Kokosraspel in einer anderen Schüssel vermengen. Nach und nach den Eischnee zu der Zucker-Kokos-Mischung geben. Gut vermengen, bis ein gleichmäßiger Teig entsteht.

Mit einem Esslöffel aus etwa der Hälfte des Teigs kleine Häufchen auf das Backblech setzen. Sie sollten 3–4 cm voneinander entfernt sein. Mit dem Finger eine Mulde in die Teighäufchen drücken, diese dann mit ein wenig NUTELLA® füllen. Den restlichen Teig auf die Makronen setzen, sodass kleine Pyramiden entstehen. Etwa 8–10 Minuten backen.

TIPP: Die Makronen halten sich 2–3 Tage in einer luftdichten Verpackung.

NUTELLA®-Sushi

Zubereitung:
25 Min.
Ruhezeit:
Mind. 1 Std.
Backzeit:
ca. 2 Min. pro Crêpe

200 g Sushi-Reis
2 Tütchen Vanillezucker
Saft einer Limette
½ Mango
Minzeblätter
100 g NUTELLA®
1 EL Sesamkörner

Für die Crêpes:
1 Ei
250 ml Vollmilch
125 g Mehl
1 Msp. Salz
20 g Butter

Den Reis in kaltem Wasser waschen, bis das Wasser klar bleibt. Anschließend in 250 ml Wasser zum Kochen bringen. Gut rühren und bei den ersten Blasen die Temperatur herunterdrehen. Einen Deckel auf den Topf setzen und etwa 15 Minuten köcheln lassen. Den Reis vom Herd nehmen und etwa 2–3 Minuten abdampfen lassen.

Vanillezucker und Limettensaft in einer Schüssel vermischen. Den Reis in eine große Schüssel geben und mit dem Zucker-Zitronen-Saft beträufeln. Vorsichtig mit einem Spachtel vermengen und abkühlen lassen.

Wie auf S. 70 beschrieben acht Crêpes von 20 cm Durchmesser zubereiten.

Die halbe Mango schälen und in Stäbchen schneiden. Die Ränder der Crêpes abschneiden, um eine rechteckige Form zu erhalten. Die Crêpes nacheinander auf eine Sushi-Matte oder – falls nicht vorhanden – auf Frischhaltefolie legen und mit einer etwa 5 mm dicken Reisschicht bedecken.

Einige Mangostäbchen der Länge nach rechts und links etwa 2 cm vom Rand auf die Crêpes legen und mit Minzeblättern garnieren. Neben die Mangostäbchen der Länge nach ein wenig NUTELLA® geben. Mithilfe der Sushi-Matte den Crêpe aufrollen und die Rolle in 3–4 Stücke schneiden.

Die Sesamkörner auf einen Teller geben. Die Sushi-Röllchen mit einem nassen Pinsel bestreichen und in den Sesamkörnern rollen, bis sie damit bedeckt sind.

Apfel-NUTELLA®-Strudel

Zubereitung:
10 Min.
Backzeit:
30 Min.

60 g Rosinen
5 EL Rum
3 Äpfel
50 g Butter
2 EL Honig
1 Tütchen Vanillezucker
1 TL Zimt
8 Blätter Filoteig (40 x 30 cm)
1 EL gehobelte Mandeln
1 EL gehackte Pistazien
4 EL NUTELLA®
2 EL Rohrzucker

Am Vortag die Rosinen in den Rum und 3 Esslöffel Wasser geben und einweichen lassen.

Den Backofen auf 180 °C vorheizen. Die Äpfel schälen, entkernen und in kleine Würfel schneiden. 25 g Butter schmelzen lassen und die Apfelstücke darin 5 Minuten schmoren lassen. Honig, Vanillezucker, die eingeweichten Rosinen und Zimt dazugeben. Weitere 10 Minuten auf kleiner Flamme weiterköcheln lassen.

Die Filoteig-Blätter der Länge nach durchschneiden, sodass Sie 16 Rechtecke von ca. 20 x 30 cm Durchmesser erhalten. Mit einem feuchten Handtuch bedecken, damit der Teig nicht austrocknet. Die restliche Butter in der Mikrowelle schmelzen lassen. Jedes Teigblatt auf einer Seite mit einem Pinsel mit Butter bestreichen und immer 4 Blätter aufeinanderlegen. Darauf eine Schicht von der Apfelmischung etwa 4 cm vom Teigrand entfernt legen, sodass ein Rechteck von 10 x 5 cm entsteht. Mit den gehobelten Mandeln und den gehackten Pistazien bestreuen und einen Esslöffel NUTELLA® daraufgeben.

Nun die Teigseiten übereinander legen, sodass die Apfelmischung gut bedeckt ist. Die Seiten mit den Fingern fest zusammendrücken, um sie zu verschließen. Klappen Sie die Teigenden noch einmal um, wenn Sie Angst haben, dass die Mischung beim Backen herausläuft. Die Strudel mit Butter bestreichen und mit Rohrzucker bestreuen.

Die Strudel auf ein mit Backpapier ausgelegtes Backblech legen und etwa 15 Minuten backen. Warm servieren.

Crêpes-Torte mit NUTELLA®

Für 4–6 Portionen

Zubereitung: 25 Min.
Ruhezeit: Mind. 1 Std.
Backzeit: ca. 2 Min. pro Crêpe
Kühlung: Mind. 1 Std

250 g NUTELLA®
1 EL Puderzucker
1 EL Krokant (nach Belieben)

Für die Crêpes:
2 Eier
500 ml Milch
250 g Mehl
1 EL Salz
30 g Butter

Für die Crêpes die Eier und die Milch in einer Schüssel verschlagen. Mehl und Salz in einer anderen Schüssel vermengen. In die Mitte eine Aushöhlung drücken und die Ei-Milch-Mischung hineingeben. Mit einem Schneebesen kräftig verrühren. Den Teig mindestens eine Stunde ruhen lassen.

Die Crêpes-Pfanne mit etwas Butter einfetten und erhitzen. Eine kleine Kelle Teig hineingeben und die Pfanne drehen, damit sich der Teig gleichmäßig verteilt. In der Pfanne backen, bis sich der Teig leicht vom Rand lösen lässt. Mit einem Schaber die Crêpe umdrehen und von der anderen Seite ebenfalls etwa 1 Minute backen. Die fertige Crêpe auf einen flachen Teller legen. Fortfahren, bis der Teig verbraucht ist.

Wenn die Crêpes abgekühlt sind, mit NUTELLA® bestreichen und aufeinanderschichten, um eine Crêpes-Torte zu erhalten.

Die Torte mindestens 1 Stunde kalt stellen. Vor dem Servieren mit Puderzucker und evtl. Krokant bestreuen, dann in 4–6 Stücke schneiden.

IDEE: Sie können die Torte auch in kleine Rechtecke schneiden und mit kleinen Partystickern garnieren. Eine tolle Schlemmerei für Kinder! Statt Krokant können Sie auch Kakaopulver verwenden.

Die Autorin dankt Amandine Brouard für ihre Unterstützung.

HEEL Verlag GmbH
Gut Pottscheidt
53639 Königswinter
Tel.: 02223 9230-0
Fax: 02223 9230-13
E-Mail: info@heel-verlag.de
www.heel-verlag.de

Originaltitel: *nutella®*
Original-ISBN 978-2-03-588460-2

Autorin: Corinne Jausserand
Herausgeberin: Isabelle Jeuge-Maynart und Ghislaine Stora
Chefredaktion: Catherine Maillet
Lektorat: Julia Tallet
Korrektorat: Laurence Alvado
Fotografie: Caroline Faccioli
Art Director: Emmanuel Chaspoul, unterstützt von Anna Bardon
Layout: Émilie Laudrin

Deutsche Ausgabe:
Satz: HEEL Verlag GmbH
Übersetzung: Carolin Wiedemeyer
Lektorat: Ulrike Reihn-Hamburger
Coverdesign: Axel Mertens, HEEL Verlag GmbH

Printed in Romania

ISBN 978-3-95843-185-0

Par portion
(15g)
FERRERO
PATE A TARTINER AUX